MISSION BODY POSTURE

DE MIGHTY MIND WARRIOR

© 2024 Might Mind Warrior

Verlag: BoD • Books on Demand GmbH, In de Tarpen 42, 22848 Norderstedt
Druck: Libri Plureos GmbH, Friedensallee 273, 22763 Hamburg

Pour toute question ou suggestion :

www.mightymindwarrior.ch

1. Édition 2024

ISBN 978-3-7583-7138-7

Autres informations disponibles sur notre site.
www.mightymindwarrior.ch

www.instagram.com/mightymindwarrior

TABLE DES MATIÈRES

1.
INTRODUCTION

Plan d'entraînement pour améliorer la posture corporelle dans le service de sécurité : Séances quotidiennes de 15 minutes avec des exercices au poids du corps.

Ce plan d'entraînement est spécialement conçu pour les hommes dans le service de sécurité qui souhaitent améliorer leur posture corporelle et augmenter leur condition physique générale. Chaque séance ne dure que 15 minutes et se concentre sur des exercices au poids du corps afin de renforcer les muscles et d'optimiser la posture. Réalisez cet entraînement 6 jours par semaine et accordez-vous un jour de repos hebdomadaire pour la récupération.

Amélioration consciente de la posture : Faites attention à votre posture tout au long de la journée pour assurer des succès à long terme.

Avec ce plan d'entraînement quotidien de 15 minutes, vous renforcerez vos muscles, améliorerez votre posture corporelle et augmenterez votre condition physique générale. Ces exercices sont particulièrement bénéfiques pour les hommes dans le service de sécurité, car ils considèrent les exigences spécifiques de cette activité exigeante.

DEVENEZ FORT - AVEC MIGHTY MIND WARRIOR!

2.
ÉCHAUFFEMENT ET REFROIDISSEMENT

ÉCHAUFFEMENT

PAS D'EXCUSE ; L'ÉCHAUFFEMENT EST OBLIGATOIRE

Pour exploiter pleinement votre potentiel et éviter les blessures, un programme d'échauffement dynamique de 2 à 5 minutes avant chaque séance d'entraînement est essentiel. Voici les principales raisons pour lesquelles vous ne devriez jamais négliger l'échauffement :

1. **Préparation du corps** : Un bon échauffement prépare tout votre corps à l'activité à venir et vous permet de performer de manière optimale.

2. **Préparation des muscles** : Vos muscles reçoivent la circulation sanguine nécessaire et deviennent flexibles pour travailler de manière efficace et éviter les blessures.

3. **Prévention des blessures** : Un échauffement approfondi réduit le risque de blessures telles que les élongations et les surcharges articulaires.

4. **Optimisation des performances et de la récupération** : Votre corps devient plus performant et récupère plus rapidement, ce qui augmente l'efficacité de votre entraînement.

5. **Augmentation de la fréquence cardiaque** : L'augmentation de la fréquence cardiaque prépare en douceur votre système cardiovasculaire à l'intensité de l'entraînement.

6. **Amélioration de la flexibilité** : L'échauffement améliore la flexibilité, vous permettant d'exécuter les exercices de manière plus efficace et plus sûre.

En résumé, un échauffement efficace prépare non seulement votre corps et vos muscles à l'entraînement, mais augmente également l'efficacité de votre séance d'entraînement et soutient vos objectifs de remise en forme à long terme.

Cela est particulièrement important pour les exercices plyométriques.

Les possibilités d'échauffement sont infinies :

- **Levées de jambes** : Soulevez vos jambes alternativement pour préparer vos muscles des jambes et vos fléchisseurs de hanche à l'entraînement.

- **Course légère** : Courez à une allure modérée pour stimuler votre circulation sanguine et réchauffer vos muscles des jambes.

- **Course légère sur place** : Si vous manquez d'espace, courir sur place est une excellente alternative.

- **Squats légers** : Effectuez des squats moins intenses pour activer vos muscles des cuisses et vous préparer à des charges plus intenses.

- **Saut à la corde** : Une façon dynamique de mettre tout votre corps en mouvement et de stimuler votre système cardiovasculaire.

- **Extensions de jambes dynamiques** : Mouvements flexibles et puissants des jambes, principalement pour solliciter les muscles des cuisses et des hanches.

- **Étirements dynamiques des bras** : Étirez vos bras de manière dynamique pour préparer vos épaules et vos bras à l'entraînement.

- **Cercles avec les bras :** Faites des cercles avec vos bras pour mobiliser et réchauffer vos muscles des épaules et des bras.

- **Sauts en étoile** : Un excellent exercice pour stimuler le système cardiovasculaire et échauffer les grands groupes musculaires.

- **Fentes** : Avec ces mouvements de pas, vous activez vos muscles des jambes et des fesses.

- **Exercices cardio légers** : Des activités cardio simples telles que la course légère, la marche ou le sautillement.

- **Étirements dynamiques** : Des étirements en mouvement qui améliorent votre flexibilité et préparent vos muscles à l'effort à venir.

- **Cercles avec les épaules** : Faites pivoter votre haut du corps en mouvements de rotation doux pour mobiliser votre colonne vertébrale et votre sangle abdominale.

- **Course légère** : Une course lente pour préparer votre corps en douceur à l'entraînement.

- **Rotation des hanches** : Faites des cercles avec vos hanches pour améliorer la flexibilité et la mobilité dans cette zone.

- **Exercices de détente légers** : Des mouvements simples pour préparer tout votre corps à l'activité principale.

- **Balancements des jambes** : Balancez vos jambes vers l'avant et vers l'arrière pour échauffer les muscles et les articulations des membres inférieurs.

- **Cercles avec les épaules** : Effectuez des cercles avec vos épaules pour soulager les tensions et réchauffer vos muscles des épaules.

- **Rotations du corps** : Tournez doucement votre haut du corps d'un côté à l'autre pour mobiliser vos muscles du tronc.

- **Planches légères** : Une version modifiée des planches pour activer et stabiliser votre ceinture abdominale.

- **Marche sur place** : Une méthode simple pour mettre tout votre corps en mouvement avec peu d'espace.

REFROIDISSEMENT

Chaque séance d'entraînement doit toujours se terminer par une phase de récupération appropriée de quelques minutes. Cette phase a pour objectif de :

- favoriser l'étirement musculaire

- stabiliser la fréquence cardiaque

- réduire le risque de blessures

- optimiser la récupération

- augmenter l'efficacité de l'entraînement

- étirer et détendre les muscles sollicités

- soutenir la récupération musculaire

- préparer les muscles à l'effort suivant

- améliorer la flexibilité

- réduire le temps de récupération

Pour une brève phase de récupération, les activités suivantes sont particulièrement recommandées :

- **Étirements** : En étirant vos muscles, vous améliorez leur flexibilité et favorisez la circulation sanguine.

- **Exercices d'étirement** : Des exercices spécifiques d'étirement aident à soulager les tensions musculaires et à augmenter la mobilité.

- **Course légère** : Un jogging lent ou une course détendue aide à diminuer progressivement la fréquence cardiaque et favorise la circulation sanguine.

- **Marche** : Une promenade modérée peut également aider à normaliser la fréquence cardiaque et à détendre les muscles.

- **Yoga ou Pilates** : Des exercices doux de yoga ou de Pilates favorisent la relaxation musculaire et la flexibilité.

- **Auto-massage avec un rouleau en mousse** : En utilisant un rouleau en mousse, vous pouvez soulager les tensions et masser les muscles.

- **Exercices de respiration** : La respiration consciente peut contribuer à calmer le système nerveux et à favoriser la détente.

- **Exercices de gymnastique douce** : Des mouvements agiles tels que des cercles avec les bras ou des flexions de hanches aident à ralentir progressivement votre corps.

RÉGÉNÉRATION

Après des séances d'entraînement plus intensives, il est important de prévoir suffisamment de temps pour récupérer. Adaptez le temps de repos à votre niveau de condition physique actuel pour obtenir des résultats optimaux et vous préparer pour la semaine suivante.

Cependant, un jour de repos ne signifie pas "ne rien faire". Bien sûr, une inactivité totale est possible, mais il est préférable d'opter pour des activités de récupération active, c'est-à-dire des activités légères.

Pendant les jours de récupération, n'effectuez pas d'exercices de haute intensité, mais pratiquez des mouvements doux pour détendre vos muscles, favoriser la circulation sanguine et soutenir la récupération.

Vous pouvez pratiquer les activités suivantes pour la récupération :

- Exercices de respiration
- Routines de mobilité légères (par exemple, exercices de mobilité ou entraînement de mobilité)

- Entraînement cardio léger (par exemple, course détendue, vélo léger)

- Exercices d'étirement (par exemple, étirements doux)

- Yoga ou Pilates doux

- Promenades ou marche légère

- Qigong

- Entraînement mental ou mindfulness

- Méditation en mouvement doux

- Mouvements tactiques (par exemple, roulements, rampements)

- Natation

- Randonnée

- Exercices de relaxation profonde

HYDRATATION, NUTRITION

Veillez à boire suffisamment d'eau, à vous nourrir de manière équilibrée et à dormir suffisamment pour obtenir les meilleurs résultats de votre entraînement. Une bonne hydratation et une alimentation équilibrée sont essentielles pour optimiser votre performance et votre récupération. La combinaison d'une hydratation adéquate, d'une alimentation saine et d'un sommeil réparateur soutient votre performance physique et vous aide à mieux faire face aux exigences physiques.

Ces mesures permettent à vos muscles de récupérer et de devenir plus forts.

N'oubliez pas :

1. Buvez suffisamment d'eau chaque jour.

2. Mangez de manière équilibrée.

3. Accordez-vous suffisamment de sommeil.

Pour en savoir plus, consultez notre livre „Mission Nutrition".

.

GUIDE POUR UNE OXYGÉNATION OPTIMALE ET L'ENDURANCE

Importance de la respiration : Une respiration régulière et profonde est essentielle pour fournir à votre corps une oxygénation optimale pendant l'entraînement et soutenir les performances d'endurance. Ne négligez pas la respiration ; une respiration contrôlée favorise l'apport d'oxygène et le contrôle musculaire.

Technique respiratoire de base :

- Respirez profondément et régulièrement pour soutenir vos muscles et votre endurance.

- Utilisez un cycle respiratoire rythmé : Inspirez par le nez et expirez par la bouche.

- Maintenez ce rythme tout au long de l'exercice.

Respiration lors de phases d'entraînement spécifiques :

- **Étirements** : Respirez profondément et régulièrement pour détendre votre corps et fournir de l'oxygène aux muscles.

- **Entraînement de force** : Inspirez lorsque vous soulevez les jambes et expirez lorsque vous soulevez les hanches. Pour les exercices du haut du corps, inspirez en étendant le bras et la jambe et expirez en ramenant le bras et la jambe en position de départ.

- **Exercices intensifs** : Gardez une respiration profonde et régulière, même à haute intensité. Inspirez lorsque vous sautez et expirez lorsque vous atterrissez.

Synchronisation avec le mouvement :

- **Respiration liée au mouvement :** Inspirez lorsque vous vous abaissez et expirez lorsque vous vous poussez vers le haut. Cela aide à optimiser l'afflux sanguin et l'apport en oxygène aux muscles en travail.

- **Mouvements latéraux** : Respirez lorsque vous revenez au centre et expirez lorsque vous vous déplacez latéralement.

Respiration régulière sous stress : Il est également important de maintenir une respiration contrôlée et régulière même pendant un effort intense pour assurer un apport maximal d'oxygène.

Exercices pratiques pour la technique respiratoire :

- Évitez une respiration irrégulière en vous concentrant sur un rythme respiratoire régulier.

- Coordonnez votre respiration avec les mouvements pour augmenter l'efficacité de l'exercice et activer les muscles de manière optimale.

En suivant ces conseils sur la technique respiratoire, vous soutenez non seulement vos performances physiques, mais vous renforcez également votre résistance mentale et votre endurance.

3.

SEMAINE 1
ENTRAÎNEMENT DE BASE

Jour 1 :
Corps entier

- Jumping Jacks – 1 minute
- Squats – 45 secondes
- Pompes – 45 secondes
- Planche sur les avant-bras – 1 minute
- Superman – 45 secondes
- Planche latérale (chaque côté) – 30 secondes

Répétez l'ensemble du circuit deux fois.

Jour 2 :
Stabilité du tronc et du dos

- Jumping Jacks – 1 minute
- Bicycle Crunches – 45 secondes

- Fentes arrière – 45 secondes

- Russian Twists – 1 minute

- Bird Dog – 45 secondes

- Pont fessier – 1 minute

Répétez l'ensemble du circuit deux fois.

Jour 3 : Core et posture

- Jumping Jacks – 1 minute

- Crunches avec rotation – 45 secondes

- Plank-to-Push-Up – 45 secondes

- Planche latérale avec abduction (chaque côté) – 30 secondes

- Hollow Hold – 1 minute

- Supermans – 45 secondes

Répétez l'ensemble du circuit deux fois.

Jour 4 : Jour de repos

Jour 5 :
Muscles des jambes et du dos

- Jumping Jacks – 1 minute
- Squats – 45 secondes
- Fentes alternées – 45 secondes
- Good Mornings – 1 minute
- Superman – 45 secondes
- Planche sur les avant-bras – 1 minute

Répétez l'ensemble du circuit deux fois.

Jour 6 :
Partie supérieure du corps et posture

- Jumping Jacks – 1 minute
- Pompes – 45 secondes
- Mountain Climbers – 45 secondes
- Épaules tapotées en position de planche – 1 minute
- Exercice YWT – 45 secondes
- Planche latérale – 1 minute (30 secondes par côté)

Répétez l'ensemble du circuit deux fois.

Jour 7 :
Core et flexibilité

- Jumping Jacks – 1 minute
- Plank-to-Push-Up – 45 secondes
- Crunches latéraux – 45 secondes
- Leg Raises – 1 minute
- Plank Spiderman – 45 secondes
- Étirement Cobra – 1 minute

Répétez l'ensemble du circuit deux fois.

4.
SEMAINE 2
ENTRAÎNEMENT PROGRESSIF

À partir de la semaine 2, nous augmentons l'intensité et poursuivons votre entraînement selon le même schéma, mais avec une intensité accrue et quelques nouveaux exercices. Répétez le même plan chaque semaine, en augmentant progressivement le nombre de répétitions et la durée de maintien.

- Jour 1 : Ajoutez 5 secondes à chaque exercice.

- Jour 2 : Ajoutez 2-3 répétitions.

- Jour 3 : Tenez les exercices statiques 5 secondes de plus.

- Jour 4 : Jour de repos

- Jour 5 : Augmentez la durée de 5 secondes.

- Jour 6 : Plus de répétitions ou de durée de maintien.

- Jour 7 : Augmentez la durée d'étirement de 5 secondes.

5.
SEMAINE 3
PLUS INTENSE

- Jour 1 : Augmentez les répétitions par exercice.

- Jour 2 : Ajoutez 10 secondes à chaque exercice.

- Jour 3 : Augmentez les exercices statiques de 10 à 15 secondes.

- Jour 4 : Jour de repos

- Jour 5 : Intensité plus élevée et durée plus longue.

- Jour 6 : Plus de répétitions ou de temps.

- Jour 7 : Augmentez la durée d'étirement de 10 secondes.

6.
SEMAINE 4
ENCORE PLUS INTENSE

- Jour 1 : 50% de répétitions en plus.

- Jour 2 : 20 secondes de plus par exercice.

- Jour 3 : Tenez les exercices statiques 20 secondes de plus.

- Jour 4 : Jour de repos

- Jour 5 : Intensité plus élevée et plus de temps.

- Jour 6 : Hautes répétitions ou plus de temps.

- Jour 7 : Augmentez la durée d'étirement de 20 secondes.

7.
EXPLICATIONS DES EXERCICES INDIVIDUELS

FENTES ALTERNÉES

RENFORCEMENT ET FLEXIBILITÉ POUR LES JAMBES ET LES FESSIERS

Les fentes alternées, également connues sous le nom de "Alternating Lunges", sont un exercice fonctionnel et polyvalent visant à améliorer la force des jambes, la flexibilité des fléchisseurs de hanche, ainsi que la capacité d'équilibre et la coordination. Cet exercice est particulièrement efficace pour renforcer les muscles des cuisses, des fessiers et des stabilisateurs du tronc.

1. Position de départ :
   Tenez-vous debout, les pieds à la largeur des hanches, les mains sur les hanches ou croisées devant la poitrine, ou le long du corps pour maintenir l'équilibre.

2. Pas en avant :
   Faites un grand pas en avant avec le pied gauche, en gardant le torse droit et en répartissant le poids principalement sur le talon du pied avant.

3. Mouvement descendant :
   Pliez les deux genoux de manière à ce que le genou avant soit au-dessus de la cheville, tandis que le genou arrière descend vers le sol. Visez un angle droit dans les deux genoux, sans que le genou arrière ne touche le sol.

4. Mouvement ascendant :
   Poussez fermement avec le talon du pied avant pour revenir à la position de départ, en activant les muscles des fessiers.

5. Changement de côté :
   Répétez le mouvement en faisant un pas en avant avec le pied droit.

6. Exécution continue :
   Continuez à alterner les pas, en changeant de côté à chaque répétition.

Répétitions et séries :

- Commencez par 2-3 séries de 10-15 fentes par jambe.

- Avec l'augmentation de la force et de l'endurance, vous pouvez augmenter le nombre de répétitions, de séries, ou la difficulté (par exemple en ajoutant des poids).

Conseils pour une exécution réussie :

- Gardez le torse droit et stable pendant le mouvement.

- Regardez droit devant vous, non vers le bas, pour maintenir le cou en position neutre.

- Évitez de laisser le genou avant dépasser les orteils pour réduire la pression sur l'articulation du genou.

- Abaissez le genou arrière de manière contrôlée, sans le laisser toucher ou se reposer sur le sol.

Erreurs courantes :

- Pas en avant trop petit, ce qui peut exercer une pression inappropriée sur le genou et entraîner des blessures.

- Inclinaison du genou vers l'intérieur, signe de faiblesse ou de fatigue musculaire environnante.

- Sur-extension du dos ou inclinaison vers l'avant excessive, ce qui peut stresser la colonne vertébrale.

- Perte d'équilibre due à une exécution trop rapide ou non coordonnée.

Les fentes alternées sont un élément efficace de tout programme d'entraînement visant à développer la force et la stabilité des jambes et des fessiers. Avec le temps et l'augmentation de la condition physique, des variations d'intensité et de technique, comme les fentes sautées ou les fentes avec rotation, peuvent être intégrées. Veillez toujours à une exécution correcte et prenez garde aux signaux de votre corps pour éviter les blessures et tirer le meilleur parti de votre session d'entraînement.

EXERCICE EFFICACE POUR DES OBLIQUES FORTS ET UN VENTRE TONIQUE

Les bicycle crunches sont un exercice efficace pour les abdominaux, visant en particulier les muscles obliques, le rectus abdominis (le muscle du "six-pack") ainsi que les muscles profonds de l'abdomen. Cet exercice simule le mouvement de pédalage sur un vélo, accompagné de rotations adaptées du buste.

Exécution correcte des bicycle crunches :

1. Position de départ :
   Allongez-vous sur le dos avec les pieds à plat sur le sol et les genoux fléchis. Placez vos mains légèrement sur les côtés de votre tête ou derrière les oreilles, sans croiser les doigts.

2. Lever du buste :
Levez légèrement votre buste pour activer les muscles abdominaux. Assurez-vous de ne pas solliciter le cou.

3. Mouvement des jambes :
Ramenez votre genou droit vers la poitrine tout en allongeant la jambe gauche. Votre jambe gauche doit flotter à quelques centimètres au-dessus du sol.

4. Rotation du buste :
Tournez votre buste de manière à ce que votre coude gauche se dirige vers le genou droit que vous avez ramené. Cependant, ne cherchez pas à toucher le genou avec le coude.

5. Changement de position :
Changez simultanément la position de vos jambes, comme si vous pédaliez sur un vélo. Ramenez maintenant le genou gauche vers votre poitrine et allongez la jambe droite, tout en menant le coude droit vers le genou gauche.

6. Continuer :
Répétez ces mouvements de manière alternée et avec un rythme contrôlé. Vos jambes devraient rester en mouvement constant et vos coudes devraient se rapprocher alternativement des genoux se déplaçant en sens opposé.

Quelques conseils pour les bicycle crunches :

- Assurez-vous que le mouvement provient de vos muscles abdominaux et non d'un élan.

- Évitez de tirer sur votre cou. Gardez le cou dans une position neutre en regardant le plafond ou le mur devant vous.

- Respirez régulièrement et consciemment tout en maintenant vos abdominaux contractés pendant toute la durée de l'exercice.

- Pour augmenter l'intensité, ralentissez le mouvement et concentrez-vous sur la rotation et la distance parcourue par votre coude.

Les bicycle crunches peuvent s'avérer difficiles, mais restent très efficaces pour développer des abdominaux forts et définis. Pratiquez régulièrement cet exercice abdominal varié et efficace pour obtenir les meilleurs résultats.

BIRD DOGS

EXERCICE DE STABILISATION POUR LE TRONC ET LE DOS

Les Bird Dogs sont un excellent exercice pour renforcer et stabiliser la musculature du tronc, y compris les extenseurs du dos, les abdominaux et les muscles entourant le bassin. De plus, cet exercice améliore l'équilibre, la coordination et favorise la forme physique fonctionnelle. Le travail simultané des bras et des jambes ainsi que les phases de maintien renforcent également la tension corporelle.

Instructions pour une exécution correcte:

- **Position de départ :** Commencez en position à quatre pattes avec vos genoux directement sous vos hanches et vos paumes directement sous vos épaules. Gardez votre dos dans une position neutre, sans qu'il s'affaisse ou soit excessivement arrondi. La tête et le cou forment une extension de la colonne vertébrale.

- **Exécution du mouvement :** Expirez et levez simultanément la jambe droite et le bras gauche jusqu'à ce qu'ils soient alignés en forme de V inversé. Votre jambe levée doit être tendue et votre bras aligné avec votre oreille. Assurez-vous de garder votre dos aussi calme et stable que possible pendant le mouvement.

- **Position de maintien :** Maintenez brièvement la position (environ une à deux secondes) en vous concentrant sur la stabilisation de votre tronc. Gardez le regard dirigé vers le bas pour garantir une position neutre du cou.

- **Retour à la position de départ :** Ramenez lentement et de manière contrôlée votre bras et votre jambe à la position de départ, sans que vos genoux ou vos mains ne quittent leur position.

- **Changement de côté :** Répétez l'exercice avec la jambe gauche et le bras droit.

Points importants pour l'exécution :

- Évitez que le bassin ne bascule ou ne tourne pendant l'exercice, afin de protéger la colonne vertébrale.

- Concentrez-vous sur la longueur du corps, non sur la hauteur, pour éviter les hyperextensions.

- Assurez-vous que votre respiration reste régulière ; évitez de retenir votre souffle.

- Effectuez les Bird Dogs lentement et avec un contrôle musculaire conscient, plutôt que de vous concentrer sur la vitesse et le nombre de répétitions.

- Assurez-vous d'une répartition uniforme du poids sur les trois points de contact restants (une main, le genou opposé) pendant l'exercice.

Erreurs fréquentes :

- Lever le bras ou la jambe trop haut, ce qui entraîne une hyperextension du bas du dos.

- Le bassin de la jambe tendue bascule et tourne, déstabilisant ainsi le tronc.

- Mouvements trop rapides, qui diminuent le contrôle de l'exécution et l'efficacité de l'exercice.

- Respiration irrégulière ou retenue du souffle, ce qui peut entraîner un manque de contrôle musculaire.

- Manque de concentration sur la stabilité du tronc.

Les Bird Dogs conviennent parfaitement comme partie intégrante de l'échauffement avant l'entraînement, pour un renforcement ciblé du dos ou comme exercice dans une routine de musculation du tronc. La pratique régulière des Bird Dogs peut améliorer la stabilité du tronc, prévenir les faiblesses posturales et améliorer la fonctionnalité générale et l'équilibre du corps.

CRUNCHES AVEC ROTATION

RENFORCEMENT DES MUSCLES ABDOMINAUX LATÉRAUX

Les crunches avec rotation, également appelés "rotational crunches", sont un exercice efficace pour renforcer l'ensemble des muscles abdominaux, en particulier les obliques. Cet exercice combine le crunch classique avec une rotation latérale pour un entraînement intensif du tronc. Dans cet article, nous expliquons l'exécution correcte des crunches avec rotation et présentons différentes variations pour rendre l'entraînement plus varié et efficace.

Exécution correcte des crunches avec rotation:

1. Position de départ :

   - **Allongé :** Allongez-vous sur le dos, les genoux fléchis et les pieds à plat sur le sol, écartés à la largeur des hanches.

   - **Mains derrière la tête :** Placez vos mains derrière la tête sans tirer sur le cou. Les coudes sont dirigés vers l'extérieur.

2. Mouvement :

- **Lever du buste :** Soulevez le buste du sol en sollicitant vos muscles abdominaux. Évitez de tirer avec les mains; utilisez plutôt vos abdominaux.

- **Rotation :** Tournez le buste vers la droite et essayez de diriger le coude gauche vers le genou droit. Maintenez la contraction pendant un moment et assurez-vous que le mouvement provient des abdominaux et non du cou.

- **Retour :** Revenez lentement à la position de départ sans reposer complètement le dos sur le sol.

3. Répétition :

- **Changer de côté :** Soulevez à nouveau le buste et tournez-le cette fois-ci vers la gauche en dirigeant le coude droit vers le genou gauche.

- **Mouvement continu :** Répétez ces exercices en alternant de manière à travailler uniformément chaque côté. Une série typique comprend 10 à 15 répétitions par côté.

Erreurs courantes et corrections

- **Tirer sur le cou :** Beaucoup de gens ont tendance à tirer avec les mains sur la tête. Gardez le cou détendu et laissez les abdominaux effectuer le travail.

- **Rotation insuffisante :** Assurez-vous que la rotation provient du tronc et que ce ne sont pas seulement les coudes qui bougent.

- **Mouvement rapide et incontrôlé :** Effectuez l'exercice lentement et de manière contrôlée pour entraîner efficacement les muscles et éviter les blessures.

Pour rendre l'entraînement plus intensif et varié, vous pouvez intégrer les variations suivantes :

1. Bicycle Crunches :

    - **Exécution :** Pendant que vous tournez le buste, soulevez la jambe opposée et étendez l'autre jambe, imitant ainsi le mouvement de pédalage d'un vélo.

    - **Difficulté :** Exige plus de coordination et entraîne également les abdominaux inférieurs.

2. Crunches compacts avec rotation :

    - **Exécution :** Soulevez les jambes à un angle droit, de sorte que les mollets soient parallèles au sol. Effectuez la rotation habituelle.

    - **Difficulté :** Augmente l'intensité et sollicite davantage les abdominaux.

3. Crunches avec rotation et médecine-ball :

    - **Exécution :** Tenez un médecine-ball ou un autre poids devant la poitrine. Tournez le buste pendant le crunch et amenez le ballon vers le côté opposé.

    - **Difficulté :** Augmente la force musculaire grâce à la résistance supplémentaire.

4. Oblique V-Ups :

    - **Exécution :** Allongez-vous sur le côté et soutenez votre corps avec un bras. Soulevez simultanément les jambes et le buste pour former un "V" tout en tournant le buste.

    - **Difficulté :** Sollicite intensément les muscles abdominaux latéraux et améliore le contrôle du corps.

5. Rotational Crunches sur un swiss ball :

    - **Exécution :** Allongez-vous avec le dos et les hanches sur un swiss ball et effectuez la rotation habituelle.

- **Difficulté :** Augmente l'instabilité et sollicite davantage la stabilité du tronc.

Conseils pour une exécution sûre et efficace

- **Renforcer le tronc :** Concentrez-vous toujours sur la contraction des muscles abdominaux et évitez de solliciter le cou.

- **Respiration contrôlée :** Expirez en soulevant le buste et en tournant, et inspirez en revenant à la position de départ. Cela aide à maintenir la tension dans les abdominaux.

- **Régularité :** Intégrez régulièrement les crunches avec rotation dans votre programme d'entraînement pour des progrès continus.

- **Confort et sécurité :** Utilisez un tapis de fitness pour protéger votre dos et rendre l'exercice plus confortable.

Conclusion: Les crunches avec rotation sont un exercice efficace pour renforcer spécifiquement les muscles abdominaux latéraux et améliorer la stabilité du tronc. Avec la bonne technique et grâce à diverses variations, vous pouvez intensifier et diversifier votre entraînement. Assurez-vous toujours d'une exécution correcte pour minimiser les risques de blessures et tirer le meilleur parti de votre entraînement. En intégrant régulièrement les crunches avec rotation dans votre programme d'entraînement, vous verrez rapidement des progrès et améliorerez considérablement votre condition physique et votre force du tronc.

GLUTE BRIDGE (PONTS DE CUISSES)

Le Glute Bridge, également connu sous le nom de pont de hanches, est un exercice populaire et efficace pour renforcer les muscles des fessiers (muscles glutéaux), sollicitant également les ischio-jambiers (muscles à l'arrière des cuisses), le bas du dos et le tronc. Cet exercice améliore non seulement la forme des fessiers, mais est également bénéfique pour la posture et peut aider à réduire les douleurs dorsales. Dans cet article, nous allons détailler l'exécution correcte de la Glute Bridge afin que vous puissiez tirer le maximum de cet exercice efficace.

Instructions étape par étape pour la Glute Bridge :

1. **Préparation** :
   Commencez l'exercice en vous allongeant sur le dos. Placez vos pieds à plat sur le sol, les talons à environ la largeur d'une main de vos fessiers. Les pieds sont écartés à la largeur des hanches. Placez vos bras à plat sur les côtés, paumes vers le bas.

2. **Alignement des pieds et des genoux :**
   Assurez-vous que vos pieds sont parallèles et que vos genoux restent alignés au-dessus des chevilles tout au long de l'exercice.

3. **Activation du core :**
   Contractez vos abdominaux en tirant votre nombril vers votre colonne vertébrale. Cela permet de stabiliser le tronc et de protéger le bas du dos.

4. **Élévation des hanches :**
   Inspirez et, en expirant, soulevez lentement vos hanches du sol en un mouvement fluide jusqu'à ce que vos cuisses

et votre torse forment une ligne droite. Il est important de basculer légèrement le bassin et d'éviter une hyperextension du bas du dos.

5. **Phase de maintien statique :**
Maintenez cette position en haut pendant quelques secondes en contractant fermement les muscles fessiers. Assurez-vous que les genoux restent écartés à la largeur des hanches et parallèles.

6. **Abaissement des hanches :**
Abaissez lentement et contrôlez vos hanches pour revenir à la position de départ, sans poser complètement les fesses avant de commencer la répétition suivante.

7. **Répétitions :**
Effectuez environ 10 à 20 répétitions en veillant à maintenir la forme correcte.

Erreurs courantes à éviter lors de la Glute Bridge :

- **Hyperextension du dos :** Évitez de trop cambrer le bas du dos, ce qui peut entraîner des tensions. Concentrez-vous sur la levée des hanches avec les muscles fessiers, pas avec le dos.

- **Mauvaise activation des fessiers :** Assurez-vous que les muscles fessiers sont activés et non pas les quadriceps ou ischio-jambiers qui font le travail principal.

- **Genoux qui tombent vers l'intérieur :** Gardez les genoux stables et assurez-vous qu'ils ne tombent pas vers l'intérieur pendant l'exercice.

- **Exécution trop rapide :** Réalisez les mouvements lentement et contrôlez, plutôt que de compter sur l'élan pour soulever les hanches.

- **Pieds mal positionnés :** Si vos pieds sont trop proches des fessiers ou trop éloignés, cela peut réduire l'activation des muscles fessiers ou augmenter la charge sur les genoux.

Conclusion : La Glute Bridge est un excellent exercice pour tonifier et renforcer vos muscles fessiers. En suivant ces étapes pour une exécution correcte, vous pouvez vous assurer de réaliser l'exercice de manière efficace et en toute sécurité pour obtenir les meilleurs résultats.

GOOD MORNINGS

TECHNIQUE ET AVANTAGES POUR RENFORCER LA CHAÎNE POSTÉRIEURE

L'exercice "Good Mornings" est un mouvement classique qui cible particulièrement la chaîne musculaire postérieure, incluant les muscles du bas du dos, les fessiers et les ischio-jambiers. Bien que cet exercice paraisse simple, il nécessite une technique précise afin d'éviter les blessures et d'atteindre une efficacité maximale.

Avantages des Good Mornings :

- Renforcement de la région lombaire
- Amélioration de la mobilité des hanches
- Renforcement des ischio-jambiers
- Amélioration de la posture
- Développement d'un tronc solide
- Transfert à d'autres mouvements, comme le soulevé de terre et les squats

Instructions pour l'exécution correcte des Good Mornings :

1. Position de départ :

   - Tenez-vous debout avec les pieds écartés à la largeur des épaules, parallèles et légèrement tournés vers l'extérieur.

   - Placez une barre haltère sur le haut de votre dos (non sur la nuque), de manière à ce qu'elle repose confortablement. Une alternative consiste à effectuer l'exercice sans poids ou avec un poids léger pour se concentrer sur la technique.

   - Saisissez la barre haltère avec les deux mains, écartées légèrement plus que la largeur des épaules, et serrez les omoplates ensemble.

2. Exécution du mouvement :

   - Contractez fermement les muscles du tronc et maintenez le dos dans une position neutre.

- Commencez le mouvement en poussant les hanches vers l'arrière. Rappelez-vous que c'est un mouvement de la hanche et non du dos.

- Penchez-vous lentement vers l'avant, jusqu'à ce que le torse soit parallèle ou légèrement en dessous de la parallèle au sol. Gardez les genoux légèrement fléchis, sans les tendre ou les bloquer.

- Assurez-vous que votre dos reste droit tout au long du mouvement et ne s'arrondisse pas. Votre regard doit être dirigé vers l'avant ou légèrement vers le bas pour maintenir une position neutre de la nuque.

3. Retour à la position de départ :

- Poussez les hanches vers l'avant pour redresser le torse. Concentrez-vous sur cette remontée principalement avec les muscles des hanches.

- Contractez les fessiers en haut du mouvement pour verrouiller les hanches et maintenir le dos en position neutre.

4. Poursuite de l'exercice :

- Répétez le mouvement de manière régulière et contrôlée pour le nombre de répétitions souhaité.

Points clés pour une exécution correcte :

- **Mouvement des hanches :** Le mouvement doit provenir principalement des hanches, non du dos. Imaginez que vous poussez les hanches vers l'arrière.

- **Stabilité du tronc :** Gardez les abdominaux contractés tout au long de l'exercice pour protéger la colonne vertébrale.

- **Posture du dos :** Évitez de courber le dos. Maintenez une position neutre pendant tout le mouvement.

- **Genoux légèrement fléchis :** Gardez les genoux légèrement fléchis et évitez de les bloquer ou de les tendre complètement.

Conseils d'entraînement :

- **Choix du poids :** Commencez avec un poids léger ou même seulement avec la barre pour pratiquer la technique correcte. Augmentez progressivement le poids lorsque vous vous sentez stable et sûr de vous.

- **Répétitions et séries :** Commencez par 2 à 3 séries de 8 à 12 répétitions. Augmentez le nombre de répétitions et de séries selon votre progression.

- **Échauffement et mobilisation :** Échauffez-vous bien avant de commencer l'exercice pour préparer les muscles et les articulations. Les étirements dynamiques pour les hanches et le bas du dos sont idéals.

Erreurs courantes et comment les éviter :

- **Dos arrondi :** Gardez toujours une position neutre du dos. Un dos arrondi peut entraîner des blessures et réduit l'efficacité de l'exercice.

- **Genoux bloqués :** Gardez les genoux légèrement fléchis pour une meilleure stabilité et activation des ischio-jambiers.

- **Nuque sur-étendue :** Assurez-vous que votre tête reste en position neutre. Évitez de trop étendre ou de trop fléchir la nuque.

- **Utilisation d'élan :** Évitez de créer de l'élan. Effectuez le mouvement lentement et de manière contrôlée pour maximiser la sollicitation musculaire et prévenir les blessures.

Conclusion : Les Good Mornings sont un exercice extrêmement efficace pour renforcer la chaîne postérieure, en particulier le bas du dos, les fessiers et les ischio-jambiers. En exécutant correctement cet exercice, vous pouvez améliorer votre posture, augmenter la mobilité des hanches et optimiser la stabilité du tronc. Intégrez les Good Mornings régulièrement dans votre programme d'entraînement pour bénéficier des nombreux avantages et atteindre vos objectifs de fitness. Assurez-vous de toujours pratiquer la bonne technique et de réaliser les mouvements de manière contrôlée et précise pour obtenir le meilleur effet d'entraînement et éviter les blessures.

HOLLOW HOLD

POUR L'ENTRAÎNEMENT DU CORE

La position de Hollow Hold est un exercice central pour l'entraînement du core, souvent utilisé en gymnastique et en fitness. Elle vise à renforcer les muscles abdominaux et à créer une base solide pour une meilleure posture corporelle et des mouvements plus performants. Pour tirer le maximum de bénéfices de cet exercice, une exécution correcte est essentielle. Voici comment réaliser un Hollow Hold correct et éviter les erreurs courantes.

Guide étape par étape pour le Hollow Hold :

1. Commencez en position allongée :
   Allongez-vous sur le dos sur une surface confortable et ferme, comme un tapis de gymnastique. Placez vos bras le long du corps, les jambes sont tendues et les pieds sont joints.

2. Appuyez votre bas du dos contre le sol :
   Contractez vos abdominaux pour appuyer activement le bas de votre dos contre le sol. Cela empêche d'avoir le dos creusé et protège votre colonne vertébrale.

3. Soulevez les épaules et les bras :
   Soulevez les omoplates et les bras du sol. Étirez vos bras à côté de vos oreilles ou au-dessus de votre tête. Regardez entre vos bras ou vos pieds pour garder le cou dans une position neutre.

4. Soulevez les jambes :
   Tendez vos jambes, soulevez-les du sol et gardez-les ensemble. La difficulté dépend de l'angle de levée de vos jambes – plus elles sont basses, plus c'est difficile. L'important est de maintenir le bas du dos en contact avec le sol tout au long de l'exercice.

5. Maintenez la position :
   Maintenez la tension et la position pour la durée spécifiée ou aussi longtemps que vous le pouvez sans perdre la forme. Respirez régulièrement pour activer les muscles abdominaux même pendant la phase de tension.

6. Relâchement contrôlé :
   Abaissez les bras et les jambes de manière contrôlée sur le sol et détendez la musculature.

Conseils pour une exécution efficace :

- Assurez-vous que vos abdominaux sont engagés et actifs pour maintenir le bas du dos au sol.

- Commencez avec des positions de jambes plus élevées et abaissez-les progressivement à mesure que vous gagnez en force.

- Commencez par des intervalles plus courts (par exemple, 10-20 secondes) et augmentez progressivement le temps de maintien pour développer l'endurance musculaire.

Erreurs courantes :

- **Dos creusé :** Si votre bas du dos se soulève du sol, vous perdez l'intégrité de l'exercice et risquez des douleurs dorsales. Empêchez cela en maintenant une tension abdominale constante.

- **Position des jambes trop basse :** Surtout pour les débutants, garder les jambes trop basses peut entraîner une perte de tension. Commencez par lever les jambes plus haut pour maîtriser la technique.

- **Épaules haussées :** Gardez les épaules éloignées des oreilles pour minimiser les tensions dans le cou.

- **Sur-extension du cou :** Le regard doit être droit devant pour ne pas surcharger inutilement les cervicales.

Le Hollow Hold est un exercice exigeant mais incroyablement efficace qui stabilise votre tronc et soutient divers mouvements. En suivant les instructions ci-dessus, vous pouvez vous assurer que vous réalisez cet exercice efficacement et sans risque de blessure. Rappelez-vous que la qualité et la tension corporelle priment sur la quantité et la durée de maintien ; pratiquez avec patience et constance pour progresser.

JUMPING JACKS - SAUTS EN ÉTOILE

Les jumping jacks sont un exercice dynamique et simple pour tout le corps, souvent utilisé dans le cadre d'un entraînement d'échauffement ou d'un entraînement par intervalles à haute intensité (HIIT). Ils servent à améliorer l'endurance cardiovasculaire et la coordination.

Voici comment exécuter correctement les jumping jacks :

1. **Position de départ :** Tenez-vous droit, les pieds joints, les bras détendus le long du corps.

2. **Saut :** Sautez et écartez simultanément vos jambes à la largeur des épaules ou des hanches. Pendant ce mouvement, levez vos bras sur les côtés au-dessus de la tête jusqu'à ce que les paumes se touchent presque.

3. **Retour :** Sautez de nouveau en ramenant vos jambes ensemble tout en abaissant simultanément vos bras le long du corps.

4. **Répétition :** Répétez ces mouvements de manière rythmée et continue. L'alternance entre l'écartement et la fermeture des jambes ainsi que le levé et l'abaissement des bras crée un bon entraînement complet du corps et augmente la fréquence cardiaque.

Conseils pour les jumping jacks :

• Lors de l'exécution, il est important d'atterrir sur l'avant de vos pieds afin de réduire la charge sur les genoux.

• Gardez votre tronc stable et le dos droit.

Les jumping jacks sont excellents pour renforcer le système cardiovasculaire.

MONTÉES DE GENOUX - HIGH KNEES

Les genoux hauts, ou course à genoux, est un exercice de réchauffement dynamique populaire qui active à la fois les muscles et le système cardiovasculaire, et améliore la coordination. Il est souvent utilisé dans les routines d'entraînement des coureurs, mais aussi dans divers programmes de fitness et sportifs. Les genoux hauts peuvent être effectués en tant qu'exercice autonome ou en tant que partie d'une séquence d'échauffement pour augmenter la température corporelle et préparer les muscles des jambes à des activités plus intenses.

Voici comment exécuter correctement les genoux hauts et ce qu'il faut prendre en compte :

- Position de base :
  Commencez dans une position debout avec les genoux légèrement fléchis et les pieds écartés de la largeur des hanches. Regardez droit devant et gardez le haut du corps droit. Gardez vos mains devant votre corps, les paumes

tournées vers le haut. Cela servira de cible pour les genoux à monter.

- Mouvement :
Commencez l'exercice en soulevant le genou droit et en essayant d'atteindre votre paume de main droite. Abaissez ensuite la jambe et passez immédiatement au genou gauche, qui est également tiré vers la paume de la main gauche. Le mouvement ressemble à une marche rapide sur place, mais les genoux sont clairement plus hauts.

- Rythme et intensité :
Augmentez le rythme et sautez d'un pied à l'autre. L'intensité des genoux hauts peut varier en fonction de la vitesse et de la hauteur de la levée des genoux. Plus les genoux sont levés haut et rapidement, plus l'exercice est intense.

- Durée :
Les genoux hauts peuvent être effectués soit en intervalle de temps (par exemple 30 secondes en continu) soit en nombre de répétitions par jambe. Commencez par de courts intervalles ou répétitions et augmentez progressivement la durée pour améliorer votre endurance.

Conseils pour une exécution correcte : Concentrez-vous sur le fait de tirer activement les genoux vers le haut, plutôt que d'utiliser uniquement l'élan. Gardez le haut du corps stable pendant le mouvement ; évitez de vous pencher excessivement en avant. Atterrissez doucement sur la plante des pieds pour ménager vos articulations.

Les genoux hauts sont une excellente méthode pour réchauffer l'entraînement et préparer les muscles et les articulations aux stress à venir. Lorsqu'ils sont correctement exécutés, ils aident non seulement à augmenter votre fréquence cardiaque, mais aussi à améliorer la coordination et la flexibilité des muscles des jambes. Intégrez les genoux hauts à votre routine d'entraînement régulière pour enrichir votre programme de réchauffement et améliorer votre condition physique générale.

ÉLÉVATIONS DE JAMBES TENDUES

Les élévations de jambes en position allongée, connues sous le nom de leg raises ou lying leg lifts, sont un exercice efficace pour renforcer la région abdominale inférieure et d'autres muscles centraux tels que les fléchisseurs de la hanche et la stabilité du tronc. Correctement exécuté, cet exercice peut aider à construire un centre du corps stable.

Préparation pour les élévations de jambes en position allongée : Pour commencer l'exercice, allongez-vous à plat sur une surface confortable et ferme. Vos jambes doivent être étendues et vos bras reposent à vos côtés avec les paumes des mains soit vers le sol, soit sous les muscles fessiers pour un soutien supplémentaire de la colonne lombaire.

Exécution correcte :

1. Contractez fermement vos abdominaux et pressez le bas de votre dos contre le sol pour stabiliser la colonne lombaire.

2. Soulevez simultanément les deux jambes du sol, sans incliner le bassin ni lever le bas du dos du sol.

3. Soulevez les jambes jusqu'à ce qu'elles forment un angle d'environ 90 degrés avec le sol ou aussi haut que vous

pouvez sans utiliser les muscles du dos. Il est important que le mouvement soit lent et contrôlé.

4. Maintenez la tension brièvement lorsque les jambes sont en haut.

5. Expirez en abaissant lentement et contrôlablement les jambes sans les poser sur le sol. Le mouvement doit rester contrôlé pour éviter que le dos ne se creuse et maintenir la pression sur les muscles abdominaux.

6. Répétez l'exercice pour le nombre de séries et répétitions prescrites.

Erreurs fréquentes :

• Abaisser les jambes trop bas peut provoquer un soulèvement du bas du dos du sol et créer une cambrure, ce qui peut entraîner des douleurs dorsales.

Variantes avancées :

• Élévations de jambes avec jambes fléchies

• Élévations de jambes suspendues à une barre de traction

• Élévations de jambes avec une balle ou un poids entre les pieds

• Élévations de jambes croisées (scissor kicks)

Les élévations de jambes en position allongée sont un excellent exercice pour travailler les muscles abdominaux inférieurs, mais elles nécessitent une concentration sur la technique et le maintien de la tension du tronc tout au long de l'exercice.

POMPES

Les pompes sont parmi les exercices les plus éprouvés et les plus efficaces pour renforcer la force et la musculature du haut du corps. Non seulement les muscles de la poitrine, les triceps et les épaules sont renforcés, mais aussi les muscles du tronc bénéficient de cet exercice complet.

Voici les composants clés pour effectuer correctement des pompes :

- Position des mains et des bras :
  Placez vos mains à plat sur le sol, environ à la largeur des épaules. Les doigts doivent pointer vers l'avant ou être légèrement tournés vers l'extérieur pour soulager les poignets. Les bras doivent être complètement tendus au départ, les coudes ne devant pas être complètement verrouillés.

- Position du corps :
  Le corps entier devrait former une ligne droite, des talons à la tête. Évitez de surélever ou d'abaisser vos fesses, car cela peut entraîner une mauvaise posture. Les muscles abdominaux et fessiers doivent être contractés tout au long de l'exercice pour protéger le bas du dos et augmenter la stabilité du corps.

- Descente :
  Lorsque vous abaissez votre corps, les coudes doivent
  être légèrement dirigés vers l'arrière et rester près du
  corps, sans s'éloigner vers l'extérieur. Abaissez-vous
  jusqu'à ce que votre poitrine ou votre menton touche
  presque le sol.

- Montée :
  Poussez vigoureusement vers le haut jusqu'à ce que vos
  bras soient presque complètement étendus - veillez
  également à ne pas verrouiller complètement les coudes.
  Le mouvement doit être contrôlé et votre position
  corporelle doit rester droite.

  Variantes : Vous pouvez inclure des variations pour cibler
différents groupes musculaires ou augmenter l'intensité. Ces
variations incluent les pompes étroites (pour les triceps), les
pompes avec les jambes surélevées et les pompes
explosives, où vous soulevez les mains du sol.

MOUNTAIN CLIMBERS

Les Mountain Climbers, également connus sous le nom
de grimpeurs de montagne, sont un excellent exercice
complet du corps mettant l'accent sur le cardio et les
muscles abdominaux. Ils combinent les avantages d'une
position de planche avec le mouvement des jambes, ce qui

renforce non seulement les muscles du tronc, mais augmente également la fréquence cardiaque et améliore l'endurance.

Voici comment faire correctement des Mountain Climbers:

- Position de départ:
Commencez en position de planche avec les mains fermement ancrées au sol, environ à largeur d'épaules. Vos bras sont tendus, et votre corps forme une ligne droite des talons à la tête.

- Mouvement des grimpeurs de montagne:
Ramenez le genou droit vers votre poitrine, sans que les hanches ne montent. Maintenez fermement et stabilité dans votre tronc.

- Retour à la position de départ:
Revenez rapidement à la position de départ en étirant la jambe droite et en ramenant en même temps le genou gauche vers votre poitrine.

- Répétition alternée:
Continuez à ramener rapidement et alternativement les jambes, similaire à une course sur place. Imaginez que vous escaladez une montagne, d'où le nom de Mountain Climbers.

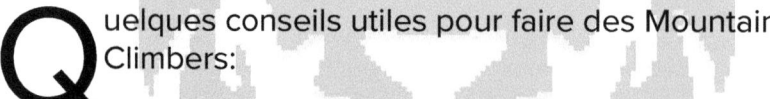

Quelques conseils utiles pour faire des Mountain Climbers:

- Gardez votre dos droit tout au long de l'exercice et évitez de lever ou d'abaisser les hanches. Votre corps doit rester droit.

- Concentrez-vous sur le maintien de vos abdominaux contractés tout au long du mouvement pour renforcer et protéger le tronc.

- Adaptez le rythme à vos objectifs de remise en forme : un rythme plus rapide augmentera la fréquence cardiaque pour un entraînement cardiovasculaire plus intense, tandis qu'un rythme plus lent mettra davantage l'accent sur le renforcement des muscles du tronc.

- Pour augmenter la difficulté, vous pouvez placer vos pieds sur des coussins de glissement ou dans des sangles TRX.

Les Mountain Climbers sont un exercice polyvalent qui s'intègre parfaitement dans les entraînements HIIT (entraînement par intervalles de haute intensité) ou les programmes d'entraînement en circuit, et qui peut améliorer à la fois la condition aérobie et anaérobie.

PLANK UPS

ENTRAÎNEMENT EFFICACE POUR TOUT LE CORPS GRÂCE À UNE EXÉCUTION PRÉCISE

Les Plank-Ups, également connus sous le nom de Plank-to-Push-Up, sont un exercice dynamique qui combine les avantages des planches et des pompes. Ils visent à améliorer la stabilité et la force des muscles du tronc tout en sollicitant les muscles des bras, de la poitrine et des épaules.

Cet exercice ne sollicite pas seulement la force musculaire, mais également la coordination et l'équilibre.

Voici un guide étape par étape pour exécuter correctement les Plank-Ups :

1. **Position de départ en planche :** Commencez en position de planche standard sur les avant-bras. Vos coudes doivent être sous vos épaules, avec les avant-bras plats sur le sol. Votre corps doit former une ligne droite des talons à la tête.

2. **Transition vers la position de push-up :** Commencez le mouvement en posant une main à plat sur le sol et en tendant le bras, suivi de l'autre bras, de sorte que vous soyez en position de planche haute ou de push-up. Vos mains doivent maintenant être espacées de la largeur des épaules et directement sous vos épaules.

3. **Retour à la position de planche :** Abaissez maintenant un coude après l'autre doucement sur le sol pour revenir à la position de planche sur les avant-bras d'origine. Maintenez vos hanches stables et évitez les oscillations latérales.

4. **Répétition :** Alternez la main qui mène le mouvement à chaque série pour assurer une sollicitation musculaire uniforme. Autrement dit, si vous avez poussé vers le haut avec la main droite la première fois, commencez avec la main gauche la prochaine fois.

5. **Maintien de la tension du tronc :** Il est essentiel de contracter le tronc tout au long de l'exercice pour stabiliser la colonne vertébrale et éviter un affaissement du dos.

6. **Respiration régulière :** Respirez de manière contrôlée et régulière pendant l'exercice. Un flux respiratoire continu aide à maintenir la tension du tronc.

7. **Répétitions et séries :** Commencez avec un faible nombre de répétitions et augmentez progressivement. Ajoutez d'autres séries pour augmenter l'intensité une fois que vous maîtriserez la forme correcte.

Conseils pour une exécution correcte des Plank-Ups :

- **Position des hanches :** Évitez de soulever ou d'abaisser excessivement les hanches pendant l'exercice.

- **Mouvement stable et contrôlé :** Concentrez-vous sur un mouvement stable et contrôlé pour minimiser les oscillations du corps.

- **Position des épaules :** Assurez-vous de ne pas trop tirer les épaules vers le haut; maintenez-les relâchées et stables.

Erreurs à éviter :

- **Mouvements rapides et incontrôlés :** Évitez les mouvements rapides et incontrôlés qui peuvent entraîner des blessures musculaires ou articulaires.

- **Répartition inégale du poids :** Une répartition inégale du poids et des oscillations incontrôlées des hanches réduisent l'efficacité de l'exercice et peuvent solliciter le bas du dos.

- **Négliger la tension du bas du tronc :** Négliger la tension dans le bas du tronc réduit l'efficacité des muscles du tronc.

  Les Plank-Ups sont un excellent complément à votre entraînement du tronc, car ils renforcent non seulement les muscles abdominaux, mais aussi les bras et les épaules. Avec une pratique continue et une concentration sur la technique correcte, vous pouvez augmenter efficacement votre force et votre stabilité corporelles globales tout en rendant vos entraînements plus variés.

FENTES ARRIÈRE

Les fentes arrière, également appelées "Reverse Lunges", sont un exercice populaire pour les jambes qui cible une variété de groupes musculaires, y compris les quadriceps, les muscles fessiers, les fléchisseurs de la hanche ainsi que les muscles stabilisateurs du bas du corps. Cette variante des fentes classiques peut améliorer l'équilibre et est souvent moins contraignante pour les genoux par rapport aux fentes avant. Pour profiter pleinement des avantages de cet exercice et minimiser les risques de blessure, il est essentiel de maîtriser la technique correcte.

Voici un guide détaillé pour exécuter correctement les fentes arrière :

1. Position de départ :
   Tenez-vous debout, les pieds écartés à la largeur des hanches. Gardez le torse droit et regardez devant vous. Engagez vos abdominaux pour stabiliser le tronc.

2. Exécution du mouvement :
   Choisissez une jambe pour commencer. Faites un pas contrôlé vers l'arrière avec la jambe choisie, en gardant le

torse droit et en maintenant l'équilibre. La distance vers l'arrière doit être suffisante pour permettre un bon alignement du genou avant, qui doit être fléchi à un angle droit et ne pas dépasser les orteils.

3. Phase de descente :
Abaissez lentement et contrôlez le genou arrière vers le sol jusqu'à ce qu'il soit presque en contact avec le sol. Le genou arrière doit être aligné directement sous votre hanche, tandis que le genou avant est directement au-dessus de votre cheville avant.

4. Retour à la position de départ :
Poussez avec force sur la jambe avant pour revenir à la position debout de départ. Assurez-vous de maintenir la stabilité du torse pendant tout le mouvement.

5. Répétition :
Effectuez le nombre souhaité de répétitions avant de changer de jambe et de réaliser le même nombre de fentes arrière avec l'autre jambe.

6. Respiration :
Inspirez pendant la descente et expirez en vous relevant et en revenant à la position de départ.

Conseils pour une exécution correcte des fentes arrière :

• Gardez la poitrine levée, les épaules en arrière et regardez droit devant pour maintenir une posture droite.

• Évitez de vous balancer vers l'avant ou sur les côtés pendant le mouvement ; vos hanches doivent toujours être dirigées vers l'avant.

• Transférez votre poids sur la jambe arrière en descendant en position de fente, et assurez-vous que la jambe avant fait la majeure partie du travail pour revenir à la position de départ.

- Effectuez les mouvements de manière contrôlée et veillez à ce que le genou arrière ne tape pas au sol.

Erreurs courantes à éviter :

- **Pas trop court vers l'arrière :** Un pas trop court peut entraîner une mauvaise position du genou et augmenter la pression sur le genou avant.

- **Sur-extension du dos :** Évitez de cambrer excessivement le dos, ce qui peut provoquer des tensions ou des douleurs dans le bas du dos.

- **Inclinaison excessive du torse :** Ne vous penchez pas trop en avant, ce qui peut augmenter la charge sur les genoux et le dos.

Les fentes arrière sont un excellent exercice pour améliorer la force des jambes et la coordination sans exercer de stress excessif sur les articulations des genoux. Elles peuvent être intégrées dans un programme de musculation ou d'endurance et sont une méthode efficace pour améliorer la force musculaire et l'équilibre. En suivant la bonne technique, vous pouvez minimiser les risques de blessure et maximiser les bienfaits des fentes arrière.

RUSSIAN TWISTS

Les Russian Twists sont un exercice populaire pour renforcer les abdominaux, en particulier les obliques. Ils aident à renforcer le tronc et à améliorer la stabilité du torse. Les Russian Twists peuvent être réalisés avec ou sans poids et s'intègrent bien dans les entraînements pour le tronc ou les circuits d'entraînement. Voici comment exécuter correctement les Russian Twists :

Exécution correcte :

1. **Position de départ :**
   Asseyez-vous avec les jambes pliées et les pieds à plat sur le sol. Inclinez légèrement le torse vers l'arrière pour former un angle d'environ 45 degrés entre vos cuisses et votre torse. Assurez-vous que votre dos reste droit.

2. **Positionnement des bras :**
   Croisez vos mains devant votre corps ou tenez un poids (comme un haltère ou un médecine-ball) si vous souhaitez réaliser une variante plus intense.

3. **La rotation :** Commencez à tourner votre torse, ainsi que vos bras ou le poids, doucement d'un côté à l'autre, sans modifier la position de vos jambes. Gardez votre dos droit et votre tronc engagé.

4. **Poursuite de l'exercice :**
   Répétez les mouvements de rotation pour le nombre de répétitions ou la durée souhaitée.

Conseils pour une exécution efficace des Russian Twists :

- Assurez-vous que le mouvement vient de votre torse et non pas uniquement de vos bras.

- Vous pouvez augmenter la difficulté et l'intensité de l'exercice en levant vos pieds du sol.

- Évitez de trop courber le bas du dos pour prévenir les douleurs lombaires.

- Commencez lentement, surtout si vous utilisez des poids, et augmentez progressivement pour éviter de surcharger les muscles du tronc.

- Pour garantir un bon équilibre et une bonne forme, suivez vos mains ou le poids du regard pendant la rotation.

Les Russian Twists sont un exercice efficace qui non seulement renforce les muscles abdominaux, mais aussi améliore la coordination générale et l'équilibre.

RENFORCEMENT DU TRONC

Les "Shoulder Taps" en position de planche sont un exercice efficace pour favoriser la stabilité du tronc, la force des épaules et le contrôle général du corps. Une exécution correcte est cruciale pour maximiser les bénéfices et éviter les blessures.

Avantages des "Shoulder Taps" en position de planche :

- Renforcement des muscles abdominaux et du tronc

- Amélioration de la stabilité et de la force des épaules

- Promotion de l'équilibre et de la coordination corporelle

- Amélioration de la posture

Instructions pour l'exécution correcte des "Shoulder Taps" en position de planche :

1. Position de départ :

   - Commencez en position de planche haute. Les mains doivent être positionnées directement sous les épaules, les bras tendus et les pieds écartés de la largeur des épaules.

   - Votre corps doit former une ligne droite de la tête aux pieds. Maintenez les abdominaux bien contractés et le dos en position neutre.

   - Regardez vers le bas pour garder une position neutre de la nuque.

2. Exécution du mouvement :

   - Soulevez une main du sol et touchez l'épaule opposée avec la main. Maintenez le tronc stable et évitez que les hanches basculent.

   - Ramenez la main de façon contrôlée à la position de départ, directement sous l'épaule, avant de lever l'autre main.

   - Répétez le mouvement avec l'autre main en touchant l'épaule opposée.

3. Retour à la position de départ :

   - Assurez-vous que les hanches et les épaules restent stables et alignées pendant toute la durée de l'exercice. Évitez les rotations excessives ou les mouvements latéraux.

4. Poursuite de l'exercice :

   - Répétez le processus en effectuant des mouvements réguliers et contrôlés pour le nombre de répétitions souhaité.

Points clés pour une exécution correcte :

- **Stabilité du tronc :** Maintenez les abdominaux contractés pendant toute la durée de l'exercice pour protéger et stabiliser la colonne vertébrale.

- **Alignement du corps :** Veillez à ce que le corps forme une ligne droite sans affaissement ou basculement des hanches.

- **Position des mains :** Placez les mains directement sous les épaules pour garantir une stabilité optimale.

- **Mouvements contrôlés :** Exécutez les mouvements lentement et de manière contrôlée pour maximiser la sollicitation musculaire et éviter les blessures.

Conseils d'entraînement :

- **Répétitions et séries :** Commencez par 2-3 séries de 10-15 répétitions par côté. Augmentez le nombre de répétitions et de séries à mesure de votre progression.

- **Variation :** Pour rendre l'exercice plus difficile, vous pouvez rapprocher les pieds ou utiliser une bande de résistance autour de vos poignets. Cela augmentera l'activation du tronc et la difficulté de stabilisation.

- **Variantes avancées :** Pour les athlètes avancés, des mouvements supplémentaires tels que des levées de jambes ou le maintien d'un poids peuvent être intégrés.

Erreurs courantes et comment les éviter :

- **Basculement des hanches :** Veillez à ce que les hanches restent stables et ne basculent pas. Une position des pieds plus large peut aider à offrir plus de stabilité au début.

- **Affaissement des hanches :** Maintenez les abdominaux contractés pour éviter que les hanches ne s'affaissent. Votre corps doit former une ligne droite de la tête aux pieds.

- **Utilisation de l'élan :** Évitez d'utiliser de l'élan pour effectuer le mouvement. Exécutez l'exercice lentement et de manière contrôlée pour solliciter efficacement les muscles du tronc.

- **Mauvaise position des mains :** Assurez-vous que les mains sont toujours placées directement sous les épaules pour garantir une stabilité optimale.

Conclusion : Les "Shoulder Taps" en position de planche sont un exercice efficace pour renforcer la stabilité du tronc et des épaules ainsi que pour améliorer la posture et l'équilibre global. En exécutant correctement cet exercice, vous pouvez renforcer vos muscles abdominaux, améliorer la force de vos épaules et optimiser la stabilité de votre tronc. Intégrez régulièrement les "Shoulder Taps" dans votre programme d'entraînement pour profiter des nombreux avantages et atteindre vos objectifs de fitness. Veillez toujours à adopter une technique correcte et à exécuter les mouvements de manière contrôlée et précise pour obtenir le meilleur effet d'entraînement et éviter les blessures.

RENFORCEMENT ET DÉFINITION DES MUSCLES ABDOMINAUX LATÉRAUX

Les crunchs latéraux, ou "Oblique Crunches", sont un exercice ciblé pour renforcer les muscles obliques, responsables de la rotation et de la flexion latérale du tronc. Cette variante des crunchs classiques est idéale pour tonifier les muscles abdominaux latéraux et stabiliser l'ensemble de la musculature du tronc. Dans cet article, nous expliquons l'exécution correcte des crunchs latéraux et présentons diverses variations pour rendre l'entraînement plus intense et varié.

Exécution correcte :

1. Position de départ :

   - **Allongé :** Allongez-vous sur le dos, les genoux fléchis et les pieds à plat sur le sol.

   - **Rotation :** Croisez le genou droit sur le genou gauche, de sorte que la jambe droite repose sur la jambe gauche.

   - **Position des mains :** Placez la main gauche derrière la tête pour soutenir la nuque, tandis que le bras droit repose à plat le long du corps.

2. Mouvement :

- Lever et rotation : Soulevez légèrement la tête et les épaules du sol et tournez le haut du corps vers la droite, en amenant le coude gauche vers le genou droit.

- Posture : Assurez-vous que le bas du dos reste toujours en contact avec le sol et évitez de tirer avec les mains sur la tête.

3. Retour :

- **Descente :** Abaissez la tête et les épaules de manière contrôlée sans toucher le sol. Inspirez pendant ce mouvement.

- **Répétition :** Répétez l'exercice pour le nombre de répétitions souhaité sur ce côté.

4. Changement de côté :

- **Changement :** Après avoir terminé les répétitions, changez de côté en croisant le genou gauche sur le genou droit et en plaçant la main droite derrière la tête. Répétez le mouvement en amenant cette fois le coude droit vers le genou gauche.

Erreurs courantes et corrections :

- **Tirer sur la nuque :** Utilisez les muscles abdominaux pour effectuer la rotation et non les mains pour tirer la tête. La tête doit être légèrement soulevée, sans pression.

- **Exécution non contrôlée :** Effectuez le mouvement lentement et de manière contrôlée pour muscler efficacement et éviter les blessures.

- **Posture du corps :** Maintenez le bas du dos en contact avec le sol tout au long de l'exercice pour garantir une tension correcte des muscles abdominaux.

Variations pour intensifier et varier l'entraînement :

1. Crunchs latéraux debout :

   - **Exécution :** Tenez-vous droit, les mains derrière la tête et les pieds écartés à la largeur des épaules. Levez le genou gauche et amenez simultanément le coude droit vers ce genou, en tournant le torse.

   - **Difficulté :** Cette variation combine équilibre et stabilité du tronc et peut être intégrée à un entraînement cardio.

2. V-Ups latéraux :

   - **Exécution :** Allongez-vous sur le côté droit en vous soutenant avec le bras droit. Soulevez simultanément le torse et les jambes pour former un "V" avec votre corps.

   - **Difficulté :** Cette variante est plus exigeante et entraîne intensément les muscles abdominaux latéraux.

3. Crunchs latéraux sur un ballon de gymnastique :

   - **Exécution :** Allongez-vous latéralement sur un ballon de gymnastique, les pieds bien ancrés au sol. Placez les mains derrière votre tête et effectuez les crunchs en tournant le torse sur le côté.

   - **Difficulté :** Augmente l'instabilité et exige une plus grande maîtrise et équilibre.

4. Crunchs rotationnels compacts :

   - **Exécution :** Relevez les deux jambes à angle droit, les mollets parallèles au sol. Effectuez la rotation habituelle en amenant le coude vers le genou opposé.

   - **Difficulté :** Augmente l'intensité et sollicite également les muscles abdominaux inférieurs.

5. Russian Twists :

- **Exécution :** Asseyez-vous au sol, les genoux légèrement fléchis. Penchez-vous légèrement en arrière et maintenez les mains devant la poitrine. Tournez le torse alternativement vers la gauche et la droite.

- **Difficulté :** Peut être effectué avec un médecine-ball ou un haltère pour augmenter l'intensité.

Conseils pour une exécution sûre et efficace :

- **Tension du tronc :** Concentrez-vous sur la tension des abdominaux durant toute la durée de l'exercice. Évitez une posture du dos creusée.

- **Technique et qualité :** La qualité et la tension corporelle priment sur la quantité et la durée d'exercice ; pratiquez avec patience et rigueur pour progresser efficacement.

- **Variation et régularité :** Intégrez régulièrement les crunchs latéraux et leurs variations dans votre programme d'entraînement pour des progrès continus.

Conclusion : Les crunchs latéraux sont un exercice extrêmement efficace pour renforcer et définir les muscles abdominaux latéraux. Avec la bonne technique et en utilisant diverses variations, vous pouvez intensifier et diversifier votre entraînement. Veillez toujours à exécuter les mouvements correctement pour minimiser les risques de blessures et optimiser les résultats de votre entraînement. En intégrant régulièrement des crunchs latéraux dans votre programme de fitness, vous verrez rapidement des progrès et améliorerez considérablement votre condition physique et votre force du tronc.

PLANCHES LATÉRALES, REACHES DE PLANCHE LATÉRALE

La planche latérale est un exercice de poids corporel efficace qui se concentre sur le renforcement des muscles abdominaux et obliques. De plus, cet exercice renforce le bas du dos, les muscles des hanches et des épaules. C'est une variation de la planche traditionnelle et est connue pour son efficacité à améliorer l'équilibre et la stabilité.

Exécution :

1. Commencez la planche latérale en étant allongé sur le côté.

2. Allongez-vous sur le côté, avec les jambes tendues l'une sur l'autre.

3. Appuyez-vous sur votre main, en gardant le bras tendu et la paume de la main directement sous l'épaule sur le sol.

4. Le corps doit former une ligne droite des pieds à la tête.

5. Soulevez vos hanches du sol en augmentant la tension dans le tronc, jusqu'à ce que votre corps forme une ligne droite.

6. Maintenez les hanches relevées et évitez que votre corps ne bascule vers l'avant ou vers l'arrière.

7. Contractez vos abdominaux et veillez à ce que votre épaule reste stable.

8. Une main peut être placée sur la hanche ou étirée dans les airs pour augmenter l'équilibre.

9. Maintenez cette position pendant le temps imparti, en fonction de votre niveau de forme physique et de votre programme d'entraînement.

10. Répétez l'exercice de l'autre côté.

Erreurs courantes et corrections :

- Hanches qui s'affaissent :
  Veillez à soulever vos hanches afin que votre corps forme une ligne droite.

- Relâchement de la tension :
  Maintenez votre tronc tendu pendant toute la durée de l'exercice.

- Mauvaise position de la tête :
  Regardez droit devant vous, de sorte que votre cou soit une extension de votre colonne vertébrale.

- Position des épaules :
  Évitez de les monter trop haut ou de les laisser s'affaisser. Elles doivent être directement au-dessus du coude (dans la variante des avant-bras) ou de la main (dans la variante des mains).

Variantes :

- Levée de la jambe supérieure

- Rotation du tronc

- Ajout de levées de hanches

La planche latérale est un exercice efficace pour renforcer les muscles du noyau et améliorer la stabilité du corps.

PLANCHE LATÉRALE AVEC ABDUCTION

POUR LA STABILITÉ, LA FORCE ET L'ÉQUILIBRE

La planche latérale avec élévation de jambe ("Side Plank with Leg Lifts") est un exercice exigeant qui renforce les muscles abdominaux latéraux (obliques), les hanches et les muscles des jambes. Cet exercice favorise non seulement la stabilité du tronc, mais améliore également l'équilibre et la coordination. Il est idéal dans le cadre d'un entraînement du core et offre une méthode polyvalente pour tonifier et renforcer la musculature de tout le corps.

Guide étape par étape pour la planche latérale avec élévation de jambe :

1. Position de départ :

   • Allongez-vous sur un côté, par exemple sur le côté droit, et appuyez-vous sur l'avant-bras droit. Votre coude doit être directement sous votre épaule.

   • Les jambes sont tendues et empilées l'une sur l'autre, les pieds superposés. Votre corps forme une ligne droite de la tête aux pieds.

2. Activation du core :

- Contractez vos abdominaux pour stabiliser votre tronc. Soulevez simultanément vos hanches du sol de façon à ce que votre corps reste en ligne droite.

- Votre poids repose sur votre avant-bras droit et le bord extérieur de votre pied droit.

3. Élévation de la jambe supérieure :

- Levez lentement et de manière contrôlée la jambe supérieure (la jambe gauche) vers le haut. Assurez-vous que votre jambe reste tendue et que votre pied soit en position neutre.

- Évitez de basculer vos hanches ou le haut du corps. Votre bassin doit rester stable et parallèle au sol pendant toute la durée du mouvement.

4. Maintien et abaissement :

- Maintenez la jambe en position haute pendant un court moment pour intensifier la contraction musculaire.

- Abaissez lentement et de manière contrôlée la jambe jusqu'à revenir à la position de départ sans toucher le sol.

5. Répétitions et séries :

- Effectuez 10 à 15 répétitions par côté en fonction de votre niveau de condition physique. Changez ensuite de côté et répétez l'exercice.

- L'objectif est de réaliser 3 séries par côté pour une sollicitation musculaire uniforme.

Conseils pour une exécution correcte :

- **Tension corporelle :** Maintenez vos abdominaux contractés pendant toute la durée de l'exercice pour garantir une posture stable et une exécution correcte.

- **Mouvements contrôlés :** Effectuez les mouvements lentement et de manière contrôlée pour maximiser l'activation musculaire et éviter les blessures.

- **Position des épaules :** Évitez de soulever ou de contracter l'épaule du bras d'appui. Gardez les épaules détendues et éloignées des oreilles.

Éviter les erreurs courantes :

- **Affaissement des hanches :** Évitez d'affaisser les hanches. Maintenez-les relevées et alignées pour solliciter de manière optimale la musculature du tronc.

- **Basculement du corps :** Évitez de basculer le haut du corps ou les hanches lors de l'élévation de la jambe. Le corps doit rester stable et parallèle au sol.

- **Sur-extension du cou :** Assurez-vous que votre tête reste en position neutre et que la colonne cervicale ne soit pas sur-étirée. Votre regard doit être dirigé droit devant ou légèrement vers le bas.

- **Mouvements brusques de la jambe :** Évitez de lever et de baisser la jambe de manière rapide et brusque. Des mouvements lents et contrôlés sont essentiels pour entraîner efficacement les muscles et protéger les articulations.

Variations :

- **Sur le poignet :** Réalisez l'exercice en vous appuyant sur votre main plutôt que sur votre avant-bras pour augmenter la difficulté et entraîner davantage la stabilité de l'épaule.

- **Avec poids :** Tenez un haltère léger ou un poids sur la jambe supérieure pour augmenter l'intensité de l'exercice et solliciter davantage les muscles.

- **Planche dynamique :** Combinez la planche latérale avec élévation de jambe avec une planche dynamique en revenant à la position de planche latérale normale entre chaque répétition.

Programmes d'entraînement :

- **Entraînement en circuit :** Intégrez la planche latérale avec élévation de jambe à votre routine d'entraînement en circuit en la combinant avec d'autres exercices du core comme les bicycle crunches, les russian twists et les leg raises.
- **Supersets :** Combinez la planche latérale avec élévation de jambe avec d'autres exercices pour le haut du corps ou le tronc comme les push-ups, les renegade rows ou les plank walkouts pour un entraînement complet et intense.

Conclusion : La planche latérale avec élévation de jambe est un exercice avancé qui élève votre entraînement du core à un niveau supérieur en défiant également l'équilibre et la stabilité. En intégrant régulièrement cet exercice à votre programme d'entraînement, vous pouvez considérablement améliorer la force et la stabilité de vos muscles abdominaux latéraux, de vos hanches et de vos jambes. Veillez à toujours exécuter correctement les mouvements pour obtenir des résultats optimaux et éviter les blessures. Que vous soyez débutant ou athlète avancé, la planche latérale avec élévation de jambe constitue un ajout précieux à votre programme de fitness et vous aide à atteindre vos objectifs physiques.

SPIDERMAN-PLANK

POUR RENFORCER L'ENSEMBLE DE VOTRE TRONC

La Spiderman Plank est un exercice dynamique du core qui vise à améliorer la stabilité, la flexibilité et la force de la musculature du tronc. Elle est nommée d'après la similitude du mouvement avec celui de grimper aux murs, comme le fait le personnage de bande dessinée Spiderman. Cette variante de la planche classique va au-delà en activant également les muscles obliques, les hanches et toute la région latérale du tronc. Une exécution correcte est essentielle pour la sécurité et l'efficacité de l'exercice. Voici comment exécuter la Spiderman Plank correctement.

Position de départ :

1. Commencez en position de planche traditionnelle : Placez fermement vos mains sur le sol, les épaules directement au-dessus des poignets.

2. Contractez vos abdominaux et formez une ligne droite de vos talons à votre tête, sans que votre dos ne s'affaisse ou que vos fesses ne se lèvent.

3. Gardez vos pieds joints ou légèrement écartés, selon ce qui est le plus confortable pour vous.

Exécution de la Spiderman Plank :

1. À partir de la position de la planche, amenez le genou droit sur le côté vers votre coude droit : Le mouvement doit être contrôlé, tout en maintenant la stabilité de votre tronc.

2. Essayez d'amener le genou aussi près que possible du coude sans perdre votre posture.

3. Retournez lentement à la position de départ et respirez régulièrement :

4. Changez de côté et amenez le genou gauche vers le coude gauche :

5. Continuez cette alternance de mouvement, en veillant à maintenir la position de planche tout au long de l'exercice.

Conseils techniques importants :

- Maintenez une position neutre de la colonne vertébrale en regardant vers le sol et en gardant le cou et le dos alignés.

- Évitez que les hanches ne s'affaissent pour protéger la colonne vertébrale inférieure et maximiser l'engagement de la musculature du tronc.

- Gardez les épaules stables et évitez de les faire tourner ou de les balancer pendant la mouvement.

- Ne levez pas les hanches lors du mouvement du genou pour augmenter l'intensité pour les muscles obliques.

Erreurs courantes à éviter :

- **Aller trop vite:** Un mouvement contrôlé assure une contraction musculaire ciblée et prévient la perte de forme.

- **Mouvement du haut du corps:** Le haut du corps doit rester immobile et stable pour maximiser l'efficacité de l'exercice.

- **Négliger la technique de respiration:** Une respiration correcte est cruciale pour activer le tronc et exécuter l'exercice correctement.

Conclusion : La Spiderman Plank est un exercice fonctionnel qui contribue à améliorer le core et la stabilité globale du tronc. En pratiquant régulièrement cette variante de la planche, vous pouvez améliorer votre coordination et renforcer les groupes musculaires importants pour les mouvements quotidiens et les performances sportives. Assurez-vous de toujours exécuter la technique avec précision pour tirer pleinement parti de l'exercice et minimiser les risques de blessures.

SUPERMAN

TECHNIQUE ET AVANTAGES POUR RENFORCER LE DOS

L'exercice Superman est excellent pour renforcer les muscles du dos, des épaules et des fessiers. En outre, il contribue à améliorer la posture et à prévenir les douleurs dorsales. Inspiré de la position de vol du célèbre personnage de bande dessinée Superman, cet exercice est simple à réaliser et ne nécessite aucun équipement spécifique.

Avantages :

- Renforcement des muscles érecteurs du rachis et des fessiers
- Amélioration de la stabilité du tronc

- Soutien d'une bonne posture

- Prévention des douleurs dorsales

- Promotion de la mobilité de la colonne vertébrale

Instructions pour l'exécution correcte de l'exercice Superman :

1. Position de départ :

    - Allongez-vous sur le ventre sur un tapis de gymnastique ou une autre surface confortable.

    - Étendez vos bras vers l'avant de manière à ce qu'ils soient proches de la tête, reposant sur le tapis.

    - Gardez vos jambes tendues et parallèles l'une à l'autre.

    - Contractez votre tronc et gardez la tête en position neutre, le regard dirigé vers le bas, vers le tapis.

2. Exécution du mouvement :

    - Inspirez profondément et soulevez simultanément vos bras, le haut du corps et les jambes du sol. Utilisez les muscles de votre dos, de vos fessiers et de l'arrière de vos cuisses.

    - Gardez vos bras et vos jambes tendus, et tenez cette position pendant quelques secondes (environ 1 à 3 secondes), en maintenant la tension dans vos muscles. Votre corps doit former une légère courbe, semblable à un "U".

    - Assurez-vous que le mouvement soit contrôlé et uniforme, sans utiliser trop d'élan.

3. Retour à la position de départ :

- Expirez et abaissez lentement et de manière contrôlée vos bras, le haut du corps et les jambes jusqu'à ce qu'ils touchent à nouveau le sol.

- Gardez la tête en position neutre et évitez de descendre brusquement ou d'affaisser le dos.

4. Poursuite de l'exercice :

- Répétez le mouvement de manière régulière et contrôlée pour le nombre de répétitions souhaité.

Points clés pour une exécution correcte :

- **Stabilité du tronc :** Assurez-vous de contracter fermement votre tronc pendant toute la durée de l'exercice pour stabiliser la colonne vertébrale.

- **Position de la tête et du cou :** Gardez la tête en position neutre et évitez d'étirer trop le cou ou de baisser le menton vers la poitrine.

- **Mouvements contrôlés :** Effectuez les mouvements lentement et de manière contrôlée pour solliciter au maximum la musculature et prévenir les blessures.

- **Respiration :** Respirez profondément et de manière régulière. Inspirez lors de la montée des bras et des jambes, et expirez lors du retour à la position de départ.

Conseils d'entraînement :

- **Répétitions et séries :** Commencez par 2-3 séries de 10-15 répétitions. Avec l'amélioration de la force et de la stabilité, augmentez le nombre de répétitions et de séries.

- **Variation :** Pour rendre l'exercice plus difficile, vous pouvez utiliser des poids légers ou des bandes de résistance, ou prolonger la durée de maintien en position étendue.

- **Exercices complémentaires :** Complétez l'exercice Superman avec d'autres exercices pour le dos et le tronc comme les planches, les ponts ou les tirages pour garantir un renforcement équilibré de toute la région du tronc.

Erreurs courantes et comment les éviter :

- **Sur-extension du dos:** Évitez de trop étendre le dos pour ne pas mettre sous tension excessive la colonne lombaire.

- **Manque de tension du tronc :** Maintenez la tension dans le tronc pendant toute la durée de l'exercice pour protéger la colonne vertébrale et optimiser l'efficacité de l'exercice.

- **Mouvements non contrôlés :** Évitez les mouvements brusques ou trop rapides. Des mouvements lents et contrôlés sont plus efficaces et plus sûrs.

- **Position de la tête :** Évitez une trop grande extension du cou ou un fléchissement du menton. La tête doit rester en position neutre.

Conclusion : L'exercice Superman est un exercice efficace et simple à réaliser pour renforcer les muscles du dos, améliorer la stabilité du tronc et promouvoir une bonne posture. En exécutant correctement cet exercice, vous pouvez prévenir les douleurs dorsales, améliorer l'équilibre musculaire et augmenter votre condition physique générale. Intégrez régulièrement l'exercice Superman dans votre programme d'entraînement pour bénéficier de ses nombreux avantages. Veillez toujours à adopter une technique correcte et à effectuer les mouvements de manière contrôlée et précise pour obtenir le meilleur effet d'entraînement.

PLANCHE

La planche, également connue sous le nom de gainage, est un exercice isométrique efficace qui vise à renforcer les muscles du tronc. C'est l'un des exercices les plus simples et pourtant les plus exigeants, qui peut être intégré dans presque tous les programmes de fitness. En renforçant les muscles abdominaux, le bas du dos et les épaules, la planche améliore non seulement la posture, mais soutient également la force fonctionnelle nécessaire pour les activités quotidiennes et les autres mouvements sportifs. Pour profiter de ces avantages, il est important de réaliser la planche correctement.

Comment exécuter correctement une planche :

1. **Position de départ :**
   Commencez à quatre pattes et placez vos coudes directement sous vos épaules. Les avant-bras reposent à plat sur le sol et les mains peuvent être serrées en poings, posées à plat sur le sol ou entrelacées — choisissez la position qui vous est la plus confortable.

2. **Alignement du corps :**
   Étendez vos jambes vers l'arrière et soulevez vos hanches de sorte que votre corps forme une ligne droite des

épaules aux talons. Évitez de laisser le bas du dos s'affaisser ou de trop relever les fesses, car ces deux positions réduisent l'efficacité de l'exercice et peuvent entraîner des blessures.

3. **Tension corporelle :**
Activez l'ensemble de votre tronc en contractant vos muscles abdominaux, comme si vous vous prépariez à recevoir un coup de poing dans le ventre. Gardez également vos fessiers et vos muscles des cuisses tendus. La tension au niveau du tronc aide à stabiliser le bassin et à protéger le bas du dos.

4. **Direction du regard et position du cou :**
Maintenez votre cou en position neutre en regardant vers le bas, créant ainsi un prolongement de votre colonne vertébrale. Évitez de lever ou de baisser la tête pour prévenir les tensions dans le cou.

5. **Respiration :**
Respirez de manière régulière et profonde. Une respiration contrôlée soutient la tension corporelle et permet de maintenir la position de la planche plus longtemps.

6. **Durée :**
Maintenez la position pendant le temps imparti, généralement entre 20 secondes et plusieurs minutes, en fonction de votre niveau de forme physique. Veillez surtout à conserver une forme correcte pendant toute la durée, plutôt que de prolonger le temps au détriment de la technique.

7. **Variations** :

- Planche avec les genoux au sol.

- Planche latérale.

- Planche avec mouvements des bras et des jambes.

- Planche surélevée avec les mains sur un ballon de gymnastique pour rendre l'exercice plus difficile.

Erreurs à éviter :

- **Hanches trop hautes ou trop basses :** Cela réduit la charge sur le tronc et peut provoquer des douleurs dorsales.

- **Dos creux :** Évitez de laisser le dos s'affaisser en contractant fermement les muscles abdominaux.

- **Cou tendu :** Gardez le cou neutre, sans baisser la tête ni regarder vers le haut.

Une planche bien exécutée favorise la force et la stabilité du corps entier. Intégrez régulièrement cet exercice efficace dans votre programme d'entraînement et augmentez progressivement la durée pour renforcer visiblement vos muscles abdominaux et améliorer vos performances globales.

EXERCICE YTW

POUR RENFORCER LES MUSCLES DES ÉPAULES ET DU DOS

L'exercice YTW est un mouvement extrêmement efficace pour renforcer la musculature du haut du dos et améliorer la stabilité des épaules. Cet exercice se compose de trois schémas de mouvements - Y, T et W - qui ciblent différents groupes musculaires et offrent ainsi un renforcement complet. Il peut être utilisé à la fois pour la prévention et la rééducation des problèmes d'épaule et améliore la posture en équilibrant les déséquilibres musculaires.

Avantages de l'exercice YTW :

- Renforcement des épaules et des muscles du haut du dos

- Amélioration de la stabilité des épaules

- Promotion de la posture et de la mécanique corporelle

- Prévention et réhabilitation des blessures à l'épaule

- Amélioration de la flexibilité et de la mobilité des omoplates

Instructions pour l'exécution correcte de l'exercice YTW :

1. Position de départ :

   - Allongez-vous face vers le sol sur un tapis de gymnastique ou un banc plat. Gardez les jambes tendues et les pieds joints.

   - Votre front doit reposer sur le tapis pour maintenir le cou en position neutre.

2. Exécution des mouvements - Y :

   - Étendez les bras vers l'avant de manière à former un Y avec votre corps. Vos pouces doivent pointer vers le haut.

- Soulevez lentement les bras en resserrant les omoplates. Gardez le reste du corps immobile et tendu.

- Abaissez lentement les bras et revenez à la position de départ.

3. Exécution des mouvements - T :

- Étendez les bras sur les côtés de manière à former un T avec votre corps. Vos pouces doivent également pointer vers le haut.

- Soulevez lentement les bras en resserrant les omoplates. Assurez-vous que le tronc reste stable et que le mouvement provient des épaules.

- Abaissez lentement les bras et revenez à la position de départ.

4. Exécution des mouvements - W :

- Pliez les coudes et ramenez les bras en arrière. La forme de votre corps doit maintenant rappeler le W. Vos pouces doivent pointer vers le haut.

- Serrez les omoplates et soulevez lentement les bras. Les coudes doivent pointer vers le bas et vers l'arrière.

- Abaissez lentement les bras et revenez à la position de départ.

5. Retour à la position de départ :

- Revenez à la position de départ après chaque schéma de mouvement et préparez-vous pour le suivant.

Points clés pour une exécution correcte :

- **Stabilité du tronc :** Gardez les abdominaux bien contractés tout au long de l'exercice pour protéger et stabiliser la colonne vertébrale.

- **Mouvements contrôlés :** Effectuez les mouvements lentement et de manière contrôlée pour maximiser la sollicitation musculaire et éviter les blessures.

- **Respiration :** Respirez régulièrement et profondément pour soutenir la tension dans la musculature du tronc et contrôler les mouvements.

- **Position neutre du cou :** Gardez la tête en position neutre pour éviter les tensions et surcharges au niveau du cou.

Conseils d'entraînement :

- **Choix des poids :** Commencez l'exercice YTW sans poids supplémentaire pour apprendre la technique correcte. Lorsque vous vous sentez en confiance, vous pouvez ajouter des petits poids ou des bandes de résistance.

- **Répétitions et séries :** Commencez avec 2-3 séries de 10-15 répétitions pour chaque mouvement (Y, T, W). En fonction de vos progrès, augmentez le nombre de répétitions et de séries.

- **Variation et progression :** Pour augmenter l'intensité de l'exercice, vous pouvez prolonger la durée de maintien en position élevée ou utiliser des poids légers.

Erreurs courantes et comment les éviter :

- **Utiliser de l'élan :** Évitez de prendre de l'élan. Effectuez l'exercice lentement et de manière contrôlée pour maximiser la sollicitation musculaire.

- **Mouvement des hanches :** Gardez les hanches stables et évitez de les basculer pendant les mouvements des bras.

- **Sur-extension du cou :** Assurez-vous de garder la tête en position neutre et de ne pas sur-étendre le cou.

- **Manque d'activation des omoplates :** Assurez-vous que les mouvements proviennent principalement des omoplates et non des bras.

Conclusion : L'exercice YTW est une méthode extrêmement efficace pour renforcer les muscles des épaules et du haut du dos, ainsi que pour améliorer la posture et la stabilité des épaules. En exécutant correctement cet exercice, vous pouvez équilibrer les déséquilibres musculaires, prévenir les blessures et favoriser la mobilité des omoplates. Intégrez régulièrement cet exercice dans votre programme d'entraînement pour profiter de ses nombreux avantages et atteindre vos objectifs de fitness.

YOGA EXTENSIBLE

EXERCICES DE YOGA AXÉS SUR L'ÉTIREMENT ET L'ÉLONGATION

Le yoga est une pratique millénaire qui harmonise le corps, l'esprit et l'âme. Un aspect essentiel du yoga est l'étirement et l'élongation, visant à améliorer la flexibilité, l'équilibre et le bien-être général. Voici quelques exercices de yoga de base qui se concentrent sur l'étirement et l'élongation : la posture du Chat-Vache, la posture de l'Enfant, la posture du Cobra et les Salutations au Soleil Douces.

POSTURE DU CHAT-VACHE (BITILASANA ET MARJARYASANA)

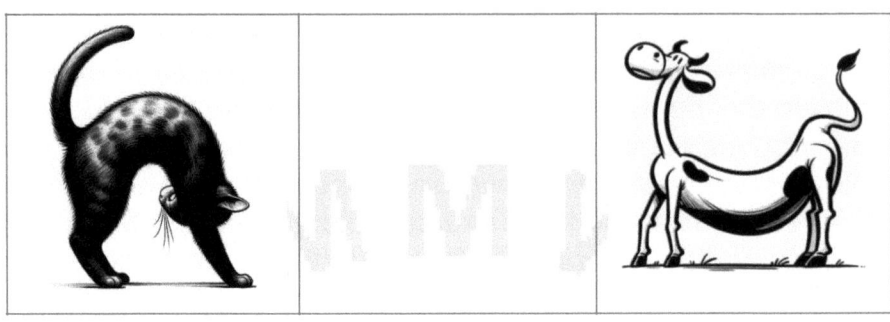

1. Position de départ :
   Commencez en position de table, à quatre pattes. Les mains sont alignées avec les épaules et les genoux alignés avec les hanches.

2. Posture du Chat (Marjaryasana) :
   En expirant, arrondissez le dos, rentrez le menton vers la poitrine et tirez le nombril vers la colonne vertébrale. Votre colonne vertébrale doit se courber vers le haut comme un chat.

3. Posture de la Vache (Bitilasana) :
   En inspirant, abaissez le ventre vers le sol, levez le menton et la poitrine, et regardez vers le haut. Votre colonne vertébrale doit former une courbure douce vers le bas comme une vache.

Répétitions :
Alternez entre la posture du Chat et de la Vache pendant 5 à 10 respirations pour étirer et mobiliser la colonne vertébrale et les muscles abdominaux.

Conseils :
Déplacez-vous lentement et consciemment à travers les postures pour profiter pleinement de chaque étirement et réduire les tensions.

POSTURE DE L'ENFANT (BALASANA)

1. Position de départ :
   Commencez en position agenouillée, asseyez-vous sur vos talons. Les gros orteils se touchent et les genoux sont légèrement écartés.

2. Prise de position :
   Penchez-vous en avant et posez doucement votre front sur le tapis. Les bras peuvent être étendus devant vous ou le long de votre corps vers l'arrière.

3. Maintien de la position :
   Inspirez profondément et restez dans cette position pendant au moins 30 secondes à plusieurs minutes, selon votre confort.

Conseils :
La posture de l'Enfant est une pause merveilleuse entre des asanas plus intenses et aide à apaiser l'esprit tout en étirant les hanches et le dos.

POSTURE DU COBRA (BHUJANGASANA)

1. Position de départ :
   Allongez-vous sur le ventre, les jambes étendues et les pieds à plat sur le sol. Les mains sont positionnées sous les épaules.

2. Prise de position :
   En inspirant, levez lentement le haut du corps en appuyant fermement les mains au sol et en redressant les bras. Les coudes doivent rester légèrement fléchis et les épaules tirées vers le bas et l'arrière.

3. Maintien de la position :
   Tenez la position pendant 15 à 30 secondes, respirez profondément, et abaissez lentement le haut du corps en expirant.

Conseils :
Assurez-vous de ne pas trop étirer le cou et de ne pas lever les épaules vers les oreilles pour éviter les tensions.

SALUTATIONS AU SOLEIL

Les Salutations au Soleil sont une série de postures qui s'enchaînent de manière fluide et étirent et renforcent tout le corps. Pour une pratique douce, vous pouvez effectuer des Salutations au Soleil modifiées pour commencer la journée ou vous détendre.

Séquence :

1. **Posture de la Montagne (Tadasana) :** Tenez-vous droit, les pieds joints, les bras le long du corps et respirez profondément.

2. **Mains vers le Ciel (Urdhva Hastasana) :** En inspirant, levez les bras au-dessus de la tête et étirez-vous vers le haut.

3. **Flexion Avant (Uttanasana) :** En expirant, penchez-vous vers l'avant à partir des hanches et laissez les mains descendre vers les pieds, genoux légèrement fléchis.

4. **Demi-Flexion Avant (Ardha Uttanasana) :** En inspirant, levez légèrement le torse pour que le dos soit droit et que les mains reposent sur les tibias ou au sol.

5. **Pas en arrière en flexion des genoux :** En expirant, reculez un pied après l'autre et posez-vous en position de flexion des genoux, les mains directement sous les épaules.

6. **Genoux-Poitrine-Menton (Ashtanga Namaskara) :** Laissez vos genoux, poitrine et menton descendre vers le sol, tout en levant les hanches vers le haut.

7. **Cobra (Bhujangasana) :** En inspirant, levez le haut du corps tout en gardant les hanches au sol.

8. **Chien Tête En Bas (Adho Mukha Svanasana) :** En expirant, poussez-vous dans la position du Chien Tête En Bas en levant les hanches et en appuyant les talons vers le sol.

9. **Pas en avant :** En inspirant, avancez un pied après l'autre entre les mains pour revenir à une demi-flexion avant (Ardha Uttanasana).

10. **Flexion Avant (Uttanasana) :** En expirant, abaissez à nouveau le torse en flexion avant.

11. **Mains vers le Ciel (Urdhva Hastasana) :** En inspirant, levez le torse et les bras vers le haut.

12. **Posture de la Montagne (Tadasana) :** En expirant, ramenez les bras le long du corps et revenez à la position de départ.

Conseils :
Exécutez les Salutations au Soleil lentement et avec conscience, en portant attention à votre respiration et en savourant chaque étirement dans les postures.

Conclusion Les exercices de yoga tels que la posture du Chat-Vache, la posture de l'Enfant, la posture du Cobra et les Salutations au Soleil douces offrent d'excellentes opportunités pour améliorer la mobilité tout en harmonisant le corps et l'esprit. En pratiquant régulièrement ces exercices d'étirement, vous pouvez dénouer les tensions musculaires, augmenter la flexibilité et favoriser un sentiment de calme et de détente. Veillez toujours à exécuter correctement les postures et adaptez les exercices à votre niveau de forme physique pour en tirer un bénéfice optimal. Que vous soyez débutant ou pratiquant expérimenté, ces exercices constituent une précieuse addition à votre programme quotidien d'entraînement et de relaxation.

NAMASTE!

PARTAGEZ VOS EXPÉRIENCES AVEC NOUS ET FAITES PARTIE DE LA COMMUNAUTÉ MMW !

À PROPOS DE L'AUTEUR

Auteur: Alain Biankeu, Mighty Mind Warrior

Laissez-vous inspirer par ce livre exceptionnel. L'auteur, connu pour sa vision optimiste de la vie, nous montre comment profiter de chaque jour avec confiance et joie. Le succès ne vient pas par hasard, il le sait trop bien. Avec la devise « Rien ne vient de rien » et une détermination inébranlable, il a prouvé que l'on peut atteindre ses objectifs grâce à un travail acharné et à la persévérance.

Ce livre transmet des principes et des stratégies précieux pour l'entraînement physique et la forme, que chacun peut appliquer, quelles que soient ses conditions de départ. Il montre qu'il y a toujours de la place pour la croissance personnelle et l'amélioration, et encourage à ne jamais cesser de travailler sur soi-même. La simplicité et l'appréciation des petits plaisirs de la vie, que l'auteur incarne, rendent ses réflexions particulièrement accessibles et motivantes.

Avec une ambition infatigable et la volonté d'accepter constamment de nouveaux défis, l'auteur inspire à atteindre des performances optimales dans l'entraînement et à améliorer sa forme physique individuelle. Ce livre est un guide précieux pour tous ceux qui cherchent une vie plus saine, plus équilibrée et plus en forme.

Découvrez comment, grâce à une attitude positive, un travail acharné et une ambition insatiable, vous pouvez déployer tout votre potentiel physique. Laissez-vous enthousiasmer par cette œuvre et trouvez votre propre plaisir dans l'entraînement et un mode de vie en forme !